D1692506

zu herzen

spirituelle texte
in- und auswendig

# zu herzen

spirituelle texte
in- und auswendig

Herausgegeben von Joachim Faber, Jörg Hinderer,
Gabriele Hofmann und Michael Lipps

EDITION QUADRAT

„... die Ohren waren ihm mit der Seele innig verbunden, so dass er keinen Laut mit ihnen allein und nicht auch mit ihr aufnahm."

Martin Buber

Liebe Leserin, lieber Leser,

mich auf Wesentliches konzentrieren. In dem Vielen mich nicht verlieren. Finden, was mir lieb und wert ist. Es so zu mir nehmen, dass mich erfüllt, was ich nicht erst selbst erschaffen muss. Ein Wort, das den Horizont weitet und Leben beflügelt, befreit. Mit anderen verbunden sein, auch durch die Zeiten. Die dieses Leben gelebt, genossen, ausgehalten, erlitten, gewendet haben. Deren Hoffnung Kraft und Mut hat. Wie Gott gegenwärtig ist. Ganz Gegenwart.

Was ich inwendig habe, kann ich auswendig. Was ich auswendig lerne, wird mir bedeutsam. Dieses Buch bringt Gelegenheiten zum Üben, kommt selbst als geistliche Übung einher. Wenn ich etwas einübe, wird es wiederholbar. Wenn es wiederholbar ist, wird es zum Geländer. Wenn es ein Geländer gibt, kann der Raum weit werden, und ich verliere mich nicht. Im Auswendiglernen wird mir ein anderes Leben geläufig, das anders deutet – und ich erlebe mich als Teil davon.

Ein kostbares Buch ist es geworden. Auf knapp hundert Seiten legen wir eine Sammlung von Texten aus über zweieinhalb Jahrtausenden vor, von denen wir denken, dass sie für ein Leben, das sich seiner selbst bewusst werden will, gut und nützlich sind – sie zu sich zu nehmen, sie zu herzen, zu Herzen zu nehmen. Nicht alle auf einmal. Und wahrscheinlich überhaupt nicht alle. Und wohl auch immer mal ganz andere. Vielleicht ist es für den Augenblick oder für länger auch nur die eine Zeile, das eine Wort, das von mir laut oder leise und immer wieder bewegt werden will – gekaut, haben die Alten gesagt, wiedergekäut. Was wir hier vergegenwärtigen, sind Stücke der Tradition aus Bibel und geistlichen Liedern, Gebete, aber auch Lyrik, die nicht schon immer in geistlichen Kontexten zu Hause ist. Dazu einige Texte aus anderen Religionen, die in Beziehung zum Christentum gelesen werden können. Texte mithin, die wir Ihnen ans Herz legen, sie zu gebrauchen, zu meditieren. Sie sich anzueignen, sich mit ihnen auseinanderzusetzen, sie einzulassen.

Uns, die Herausgeberin und die Herausgeber verbindet, dass uns Worte den Zugang zu spirituellen Quellen öffnen. Jede und jeder von uns führt ein anderes spirituelles Leben und pflegt eine eigene geistliche Übung – in eigenen Gebetsformen, in der Andacht mit anderen, in Bildungsveranstaltungen und en passant. Wir sind kollegial verbunden in der Evangelischen Erwachsenenbildung, gehören also alle zur evangelischen Kirche und somit zu einem Christentum reformatorischer Prägung. Und wir richten uns an Sie, die Sie mehr oder auch weniger mit christlicher Tradition vertraut sind.

Auswendig lernen ist für uns eine geistliche Übung von hohem Alltagswert. Zum Üben brauche ich Zeit und Raum. Ich schaffe mir Gelegenheiten des Memorierens. Das kann an unterschiedlichen Orten und zu verschiedenen Zeiten sein. Den Text, den ich wähle, der mich wählt, spreche ich. Laut und leise. Die Worte wollen gesagt und gehört sein. Mit Augen, Mund, Ohren – mit dem ganzen Körper als Klangraum. Die Betriebsamkeit tritt zurück, Unaufmerksamkeit wandelt sich zu Achtsamkeit. Es gibt Menschen, die machen mit festen Zeiten im Rhythmus der Tage gute Erfahrung. Manche teilen Worte mit anderen beim Frühstück, noch vor der Zeitung. Oder sie meditieren ihr Wort beim Geschirrspülen, beim Wäsche aufhängen, auf dem Weg zur Arbeit. Oder beim Wachliegen in der Nacht. Aber vielleicht nehmen Sie sich auch die Sommerwiese oder die Minuten, die Sie immer mal wieder am herbstlichen Fluss entlang gehen. Schauen Sie nach Ihrer Zeit, Ihrem Ort. Besonders schön ist es, wenn Situation und Stunde unmittelbar zum Anlass werden, sich dem Wort, der Zeile, dem Text zu widmen, zu ergeben.

Gott wird in der Tradition auf vielfältige Weise angeredet. Viele Texte sprechen von Gott als dem Herrn. Entscheiden Sie selbst, wie Sie Gott ansprechen.

Im Prozess der Entstehung des Büchleins, im Auswählen selbst, konnten wir uns wieder und wieder begeistern. Zugleich ist uns die Auswahl nicht leicht gefallen – so reich ist die Tradition, und so reich sind wir, die wir wählen können. Daher haftet der Sammlung etwas Augenblickliches an, darin aber auch etwas Frisches. Wichtig ist uns, nicht nur unsere eigene Frömmigkeit im Blick zu haben, sondern auch die von Menschen, denen wir in unserer Arbeit begegnen. Unsere Idee ist jedenfalls immer wieder, den Blick wie die Grenzen zu weiten, Überraschendes sichtbar werden zu lassen – ohne zu meinen, wir müssten das, was sich heute als christlich oder sonst wie religiös versteht, abbilden. Wir wollen und kommen nicht umhin, die Überlieferungen als Orientierungsrahmen zu nehmen. Wie wir anknüpfen und wovon wir uns auch abgrenzen, dafür sind wir selbst verantwortlich. Bezogen auf diese Sammlung: Ich wähle, was ich lerne, und zugleich wählt und verändert, was ich lerne, mich.

Bei der Auswahl haben uns zwei Kriterien geleitet: Lehrstücke und Weisheitliches haben wir nicht aufgenommen, dazu sind wir im Üben zu sehr am Lebendigen interessiert, und: die Texte sollten Lust machen, sie auswendig zu lernen. Die Auswahl der Texte ist subjektiv, ihre Anordnung eher intuitiv. Sie wird lose gegliedert durch vier biblische Portaltexte: die Seligpreisungen, das Vaterunser, das Doppelgebot der Liebe und den aaronitischen Segen.

Für Hinweise danken wir Georgios Basioudis, Marianne Bevier, Isa Breitmaier, Candace Carter, Katharina Giesbertz, Markus Grünling, Ulrike Hanstein, Heidi Herborn, Gardis Jacobus-Schoof, Talat Kamran, Marianne Lang, Heidemarie Langer, Irene Leicht, Stephan Leinweber, Detlef Lienau, Werner Lurk, Wolfgang

Max, Ute Niethammer, Verena Reichel, Johanna Renner, Andrea Rothweiler, Bianca Schmid, Helmut Schoof, Helmut Strack.

Bernhard Wipfler vom Verlag Edition Quadrat ist uns bei der Herstellung des Büchleins mit Empathie, Sachverstand und auch sonst entgegengekommen. Michael Wegner danken wir, dass er für uns Korrektur gelesen hat. Der Landesstelle für Evangelische Erwachsenenbildung in Baden sind wir nicht nur beruflich verbunden, sondern auch darin, dass sie uns den Auftrag für diese Sammlung gegeben hat und sie ermöglicht.

Im Herbst 2007

Joachim Faber, Jörg Hinderer,
Gabriele Hofmann und Michael Lipps

## [Seligpreisungen]

Selig sind, die da geistlich arm sind; denn ihrer ist das Himmelreich.
Selig sind, die da Leid tragen; denn sie sollen getröstet werden.
Selig sind die Sanftmütigen; denn sie werden das Erdreich besitzen.
Selig sind, die da hungert und dürstet nach der Gerechtigkeit; denn sie sollen satt werden.
Selig sind die Barmherzigen; denn sie werden Barmherzigkeit erlangen.
Selig sind, die reinen Herzens sind; denn sie werden Gott schauen.
Selig sind, die Frieden stiften; denn sie werden Gottes Kinder heißen.
Selig sind, die um der Gerechtigkeit willen verfolgt werden; denn ihrer ist das Himmelreich.

Matthäus 5, 3–10

**Betrachtung der Zeit**

Mein sind die Jahre nicht
Die mir die Zeit genommen
Mein sind die Jahre nicht
Die etwa möchten kommen
Der Augenblick ist mein
Und nehm' ich den in Acht
So ist der mein
Der Jahr und Ewigkeit gemacht.

Andreas Gryphius

## Psalm

Ich bin
vergnügt
erlöst befreit
Gott nahm in seine Hände
Meine Zeit
Mein Fühlen Denken
Hören Sagen
Mein Triumphieren
Und Verzagen
Das Elend
Und die Zärtlichkeit
Was macht dass ich so fröhlich bin
In meinem kleinen Reich
Ich sing und tanze her und hin
Vom Kindbett bis zur Leich
Was macht dass ich so furchtlos bin
An vielen dunklen Tagen
Es kommt ein Geist in meinen Sinn
Will mich durchs Leben tragen
Was macht dass ich so unbeschwert
Und mich kein Trübsal hält
Weil mich mein Gott das Lachen lehrt
Wohl über alle Welt

Hanns Dieter Hüsch

[**Die güldne Sonne**]


Die güldne Sonne
voll Freud und Wonne
bringt unsern Grenzen
mit ihrem Glänzen
ein herzerquickendes, liebliches Licht.
Mein Haupt und Glieder,
die lagen darnieder;
aber nun steh ich,
bin munter und fröhlich,
schaue den Himmel mit meinem Gesicht.

Abend und Morgen
sind seine Sorgen;
segnen und mehren,
Unglück verwehren
sind seine Werke und Taten allein.
Wenn wir uns legen,
so ist er zugegen;
wenn wir aufstehen,
so lässt er aufgehen
über uns seiner Barmherzigkeit Schein.

Paul Gerhardt

[Freu dich der Morgenstunde]

Herz, öffne dich dem Tag,
freu dich der Morgenstunde.
Noch glitzert Tau im Hag,
noch schimmern blass die Sunde.
Der Morgen atmet Ewigkeit
wie erster Tag uralter Zeit.

Astrid Lindgren

## [Abend ward, bald kommt die Nacht]

Abend ward, bald kommt die Nacht,
schlafen geht die Welt;
denn sie weiß, es ist die Wacht
über ihr bestellt.

Einer wacht und trägt allein
ihre Müh und Plag,
der lässt keinen einsam sein,
weder Nacht noch Tag.

Jesus Christ, mein Hort und Halt,
dein gedenk ich nun,
tu mit Bitten dir Gewalt:
Bleib bei meinem Ruhn.

Wenn dein Aug ob meinem wacht,
wenn dein Trost mir frommt,
weiß ich, dass auf gute Nacht
guter Morgen kommt.

Rudolf Alexander Schröder

[Meine Hoffnung]

Meine Hoffnung und meine Freude,
meine Stärke, mein Licht,
Christus, meine Zuversicht,
auf dich vertrau' ich und fürcht' mich nicht.

Gesang aus Taizé

**Einwilligung**

Einwilligend in Wechsel
bleibst du
beständig.
Einwilligend in Leid
kann deine
Freude
Wurzeln schlagen.
Einwilligend
in Gebundensein
wird deine
Freiheit
geboren.

Nelly Sachs

[**Nicht sorgen**]

Darum sage ich euch: Sorgt nicht um euer Leben, was ihr essen und trinken werdet; auch nicht um euren Leib, was ihr anziehen werdet. Ist nicht das Leben mehr als die Nahrung und der Leib mehr als die Kleidung? Seht die Vögel unter dem Himmel an: sie säen nicht, sie ernten nicht, sie sammeln nicht in die Scheunen; und euer himmlischer Vater ernährt sie doch.

Matthäus 6, 25.26

## [So weit der Himmel ist]

Herr, deine Güte reicht, so weit der Himmel ist,
und deine Wahrheit, so weit die Wolken gehen.
Deine Gerechtigkeit steht wie die Berge Gottes
und dein Recht wie die große Tiefe.
Herr, du hilfst Menschen und Tieren.
Wie köstlich ist deine Güte, Gott,
dass Menschenkinder unter dem Schatten deiner
Flügel Zuflucht haben!
Sie werden satt von den reichen Gütern deines
Hauses,
und du tränkst sie mit Wonne wie mit einem Strom.
Denn bei dir ist die Quelle des Lebens,
und in deinem Lichte sehen wir das Licht.

Psalm 36, 6–10

## [vom baum lernen]

Vom baum lernen
der jeden tag neu
sommers und winters
nichts erklärt
niemanden überzeugt
nichts herstellt

Einmal werden die bäume die lehrer sein
das wasser wird trinkbar
und das lob so leise
wie der wind an einem septembermorgen

Dorothee Sölle

[Befiehl du deine Wege]


Befiehl du deine Wege
Und was dein Herze kränkt,
Der allertreusten Pflege
Des, der den Himmel lenkt!
Der Wolken, Luft und Winden,
Gibt Wege, Lauf und Bahn,
Der wird auch Wege finden,
Da dein Fuß gehen kann.

Paul Gerhardt

## Sieben Leben

Sieben Leben möcht ich haben:
Eins dem Geiste ganz ergeben,
So dem Zeichen, so der Schrift.
Eins den Wäldern, den Gestirnen
Angelobt, dem großen Schweigen.
Nackt am Meer zu liegen eines,
Jetzt im weißen Schaum der Wellen,
Jetzt im Sand, im Dünengrase.
Eins für Mozart. Für die milden,
Für die wilden Spiele eines.
Und für alles Erdenherzleid
Eines ganz. Und ich, ich habe –
Sieben Leben möcht ich haben! –
Hab ein einzig Leben nur.

Albrecht Goes

### Täglich zu singen

Ich danke Gott und freue mich
Wie's Kind zur Weihnachtsgabe,
Dass ich bin, bin! und dass ich dich,
Schön menschlich Antlitz habe;

Dass ich die Sonne, Berg' und Meer,
Und Laub und Gras kann sehen
Und abends unterm Sternenheer
Und lieben Monde gehen;

Und dass mir dann zumute ist,
Als wenn wir Kinder kamen
Und sahen, was der heil'ge Christ
Bescheret hatte, Amen!

Matthias Claudius

### Nada te turbe

Nada te turbe,
nada te espante,
todo se pasa.

Dios no se muda,
la paciencia
todo lo alcanza;

quien a Dios tiene
nada le falta:
sólo Dios basta.


Nichts soll dich verwirren,
nichts soll dich beirren,
alles vergeht.

Gott wird sich stets gleichen,
Geduld kann erreichen,
was nicht verweht.

Wer Gott kann erwählen,
nichts wird solchem fehlen:
Gott nur besteht.

**Teresa von Avila / Gesang aus Taizé**

[Wenn der Herr die Gefangenen Zions erlösen wird]


Wenn der Herr die Gefangenen Zions erlösen wird,
so werden wir sein wie die Träumenden.
Dann wird unser Mund voll Lachens
und unsre Zunge voll Rühmens sein.
Dann wird man sagen unter den Heiden:
Der Herr hat Großes an ihnen getan!
Der Herr hat Großes an uns getan;
des sind wir fröhlich.
Herr, bringe zurück unsre Gefangenen,
wie du die Bäche wiederbringst im Südland.
Die mit Tränen säen,
werden mit Freuden ernten.
Sie gehen hin und weinen
und streuen ihren Samen
und kommen mit Freuden
und bringen ihre Garben.

Psalm 126

## Ausweg

das was zu schreiben ist mit klarer schrift zu schreiben
dann löcher hauchen in gefrorne fensterscheiben

dann bücher und papiere in ein schubfach schließen
dann eine katze füttern eine blume gießen

und ganz tief drin sein – und den sinn erfassen:
zieh deinen mantel an du sollst das haus verlassen

Christa Reinig

[Marias Lobgesang]

Meine Seele erhebt den Herrn,
und mein Geist freut sich Gottes, meines Heilandes;
denn er hat die Niedrigkeit seiner Magd angesehen.
Siehe, von nun an werden mich selig preisen alle Kindeskinder.
Denn er hat große Dinge an mir getan,
der da mächtig ist und dessen Name heilig ist.
Und seine Barmherzigkeit währt von Geschlecht zu Geschlecht
bei denen, die ihn fürchten.
Er übt Gewalt mit seinem Arm
und zerstreut, die hoffärtig sind in ihres Herzens Sinn.
Er stößt die Gewaltigen vom Thron
und erhebt die Niedrigen.
Die Hungrigen füllt er mit Gütern
und lässt die Reichen leer ausgehen.
Er gedenkt der Barmherzigkeit
und hilft seinem Diener Israel auf,
wie er geredet hat zu unsern Vätern,
Abraham und seinen Kindern in Ewigkeit.

Lukas 1,46–55

## [Friedensgebet]

O Herr,
mach mich zu einem Werkzeug deines Friedens,
dass ich Liebe übe, wo man sich hasst,
dass ich verzeihe, wo man sich beleidigt,
dass ich verbinde, da, wo Streit ist,
dass ich die Wahrheit sage, wo der Irrtum herrscht,
dass ich den Glauben bringe, wo der Zweifel drückt,
dass ich die Hoffnung wecke, wo Verzweiflung quält,
dass ich ein Licht anzünde, wo die Finsternis regiert,
dass ich Freude mache, wo der Kummer wohnt.

Herr,
lass du mich trachten:
nicht, dass ich getröstet werde,
sondern dass ich tröste;
nicht, dass ich verstanden werde,
sondern dass ich verstehe;
nicht, dass ich geliebt werde,
sondern dass ich liebe.

Denn wer da hingibt, der empfängt;
wer sich selbst vergisst, der findet;
wer verzeiht, dem wird verziehen;
und wer stirbt, erwacht zum ewigen Leben.

Friedensgebet in der franziskanischen Tradition

## [Was uns fehlt]

Wer nur den lieben Gott lässt walten
und hoffet auf ihn allezeit,
den wird er wunderbar erhalten
in aller Not und Traurigkeit.
Wer Gott, dem Allerhöchsten, traut,
der hat auf keinen Sand gebaut.

Was helfen uns die schweren Sorgen,
was hilft uns unser Weh und Ach?
Was hilft es, dass wir alle Morgen
beseufzen unser Ungemach?
Wir machen unser Kreuz und Leid
nur größer durch die Traurigkeit.

Man halte nur ein wenig stille
und sei doch in sich selbst vergnügt,
wie unsers Gottes Gnadenwille,
wie sein Allwissenheit es fügt,
Gott, der uns sich hat auserwählt,
der weiß auch sehr wohl, was uns fehlt.

Georg Neumark

[Wird abwischen alle Tränen]

Siehe da, die Hütte Gottes bei den Menschen!
Und er wird bei ihnen wohnen,
und sie werden sein Volk sein,
und er selbst, Gott mit ihnen,
wird ihr Gott sein;
und Gott wird abwischen alle Tränen von ihren Augen,
und der Tod wird nicht mehr sein,
noch Leid noch Geschrei noch Schmerz wird mehr sein;
denn das Erste ist vergangen.

Offenbarung 21,3.4

[Müßig]

Gott wird viel eher dem, der gänzlich müßig sitzt,
Als dem, der nach ihm lauft, dass Leib und Seele schwitzt.

Angelus Silesius

[Warten]

Als mein Gebet
immer andächtiger und innerlicher wurde,
da hatte ich immer weniger zu sagen.
Zuletzt wurde ich ganz still.

Ich wurde,
was womöglich noch ein größerer Gegensatz
zum Reden ist,
ich wurde ein Hörer.

Ich meinte erst, Beten sei Reden.
Ich lernte aber,
dass Beten nicht bloß Schweigen ist,
sondern hören.

So ist es:
Beten heißt nicht, sich selbst reden hören.
Beten heißt:
Still werden und still sein und warten,
bis der Betende Gott hört.

Sören Kierkegaard

[Vater unser]

Vater unser im Himmel!
Geheiligt werde dein Name.
Dein Reich komme.
Dein Wille geschehe
wie im Himmel so auf Erden.
Unser tägliches Brot gib uns heute.
Und vergib uns unsere Schuld,
wie auch wir vergeben unsern Schuldigern.
Und führe uns nicht in Versuchung,
sondern erlöse uns von dem Bösen.
Denn dein ist das Reich und die Kraft
und die Herrlichkeit in Ewigkeit.
Amen.

Matthäus 6, 9–13

## [An deiner Hand]

Der du allein der Ewige heißt
und Anfang, Ziel und Mitte weißt
im Fluge unserer Zeiten:
bleib du uns gnädig zugewandt
und führe uns an deiner Hand,
damit wir sicher schreiten!

Jochen Klepper

## [Herzensgebet]

Jesus Christus,
erbarme dich meiner.

aus der orthodoxen Tradition

## [Dreimalheilig]

Agios o Theos,
agios ischiros,
agios athanatos,
eleison imas.

Heiliger Gott,
heiliger Starker,
heiliger Unsterblicher,
erbarme dich unser.

aus der orthodoxen Tradition

[Die Seele lobt Gott]

Du bist min spiegelberg,
min ǒgenweide,
ein verlust min selbes,
ein sturm mines hertzen,
ein val und ein verzihunge miner gewalt,
min hǒhste sicherheit!

Du bist mein Spiegelberg,
meine Augenweide,
ein Verlust meiner selbst,
ein Sturm meines Herzens,
ein Fall und Untergang meiner Kraft,
meine höchste Sicherheit.

Mechthild von Magdeburg

[Wie fröhlich bin ich aufgewacht]

Wie fröhlich bin ich aufgewacht,
wie hab ich geschlafen so sanft die Nacht!
Hab Dank, du Vater im Himmel mein,
dass du hast wollen bei mir sein.
Behüte mich auch diesen Tag,
dass mir kein Leid geschehen mag.

mündlich überliefert

[Wollen mir wohl]

Jahre kommen und vergehen,
die Menschen kommen und gehen,
und die Zeit und die Menschen
wollen mir wohl
und ich habe meinen Platz unter der Sonne.

Ingeborg Bachmann

[Vor dem Essen]

Alle guten Gaben,
alles, was wir haben,
kommt, o Gott, von dir,
Dank sei Dir dafür.

mündlich überliefert

[**Komm!**]

Einmalig wie die Sonne bist du, komm!
Rings um dich ist Blatt welk, der Garten gelb, komm!
Staubig ist die Welt ohne dich,
Kalt ist unsere Feier ohne dich, komm!

Dschalal ad-Din Muhammad Rumi

## [Der Herr ist mein Hirte]

Der Herr ist mein Hirte,
mir wird nichts mangeln.
Er weidet mich auf einer grünen Aue
und führet mich zum frischen Wasser.
Er erquicket meine Seele.
Er führt mich auf rechter Straße
um seines Namens willen.
Und ob ich schon wanderte im finstern Tal,
fürchte ich kein Unglück;
denn du bist bei mir,
dein Stecken und Stab trösten mich.
Du bereitest vor mir einen Tisch
im Angesicht meiner Feinde.
Du salbest mein Haupt mit Öl
und schenkest mir voll ein.
Gutes und Barmherzigkeit werden mir folgen
mein Leben lang,
und ich werde bleiben im Hause des Herrn
immerdar.

Psalm 23

### Ich komm', weiß nit woher

Ich komm', weiß nit woher,
ich bin und weiß nit wer,
ich leb', weiß nit wie lang,
ich sterb' und weiß nit wann,
ich fahr', weiß nit wohin:
Mich wundert's, dass ich fröhlich bin.
Da mir mein Sein so unbekannt
geb' ich es ganz in Gottes Hand, –
die führt es wohl, so her wie hin:
Mich wundert's, wenn ich noch traurig bin.

Hans Thoma

[Hymnus am Abend]


Heiteres Licht vom herrlichen Glanze
deines unsterblichen, heiligen,
sel'gen himmlischen Vaters: Jesus Christus.
Dich verherrlichen alle Geschöpfe.
Siehe, wir kommen beim Sinken der Sonne,
grüßen das freundliche Licht des Abends,
singen in Hymnen Gott, dem Vater,
singen dem Sohn und dem Heiligen Geist.
Würdig bist du, dass wir dich feiern
zu allen Zeiten mit heiligen Liedern,
Christus, Sohn Gottes, Bringer des Lebens:
Dich lobpreise die ganze Erde.

Phos hilarion – frühchristlich

### Geh ich zeitig in die Leere

Geh ich zeitig in die Leere
Komm ich aus der Leere voll.
Wenn ich mit dem Nichts verkehre
Weiß ich wieder, was ich soll.

Wenn ich liebe, wenn ich fühle,
Ist es eben auch Verschleiß
Aber dann, in der Kühle
Werd ich wieder heiß.

Bertolt Brecht

## [Komplet]

Bevor des Tages Licht vergeht,
o Herr der Welt, hör dies Gebet:
Behüte uns in dieser Nacht
durch deine große Güt und Macht.

Hüllt Schlaf die müden Glieder ein,
lass uns in dir geborgen sein
und mach am Morgen uns bereit
zum Lobe deiner Herrlichkeit.

Dank dir, o Vater, reich an Macht,
der über uns voll Güte wacht
und mit dem Sohn und Heilgen Geist
des Lebens Fülle uns verheißt.

Friedrich Dörr nach dem Hymnus „Te lucis ante terminum"

## Luthers Abendsegen

*Des Abends, wenn du zu Bett gehst, kannst du dich segnen mit dem Zeichen des heiligen Kreuzes und sagen:*

Das walte Gott Vater, Sohn und Heiliger Geist!
Amen

*Darauf kniend oder stehend das Glaubensbekenntnis und das Vaterunser. Willst du, so kannst du dies Gebet dazu sprechen:*

Ich danke dir, mein himmlischer Vater,
durch Jesus Christus, deinen lieben Sohn,
dass du mich diesen Tag gnädiglich behütet hast,
und bitte dich,
du wollest mir vergeben alle meine Sünde,
wo ich Unrecht getan habe,
und mich diese Nacht auch gnädiglich behüten.
Denn ich befehle mich, meinen Leib und Seele
und alles in deine Hände.
Dein heiliger Engel sei mit mir,
dass der böse Feind keine Macht an mir finde.

*Alsdann flugs und fröhlich geschlafen.*

Martin Luther

## Luthers Morgensegen

*Des Morgens, wenn du aufstehst, kannst
du dich segnen mit dem Zeichen
des heiligen Kreuzes und sagen:*

Das walte Gott Vater, Sohn und Heiliger Geist! Amen.

*Darauf kniend oder stehend das Glaubensbekenntnis
und das Vaterunser.
Willst du, so kannst du dies Gebet dazu sprechen:*

Ich danke dir, mein himmlischer Vater,
durch Jesus Christus, deinen lieben Sohn,
dass du mich in dieser Nacht
vor allem Schaden und Gefahr behütet hast,
und bitte dich,
du wollest mich diesen Tag auch behüten
vor Sünden und allem Übel,
dass dir all mein Tun und Leben gefalle.
Denn ich befehle mich, meinen Leib und Seele
und alles in deine Hände.
Dein heiliger Engel sei mit mir,
dass der böse Feind keine Macht an mir finde.

*Alsdann mit Freuden an dein Werk gegangen
und etwa ein Lied gesungen
oder was dir deine Andacht eingibt.*

Martin Luther

[Geduld]

Herr Jesus Christus,
wie viele Male wurde ich ungeduldig.
Wollte verzagen,
wollte aufgeben,
wollte den furchtbar leichten Ausweg suchen:
die Verzweiflung.
Aber du verlorst die Geduld nicht.
Ein ganzes Leben hieltest du aus und littest,
um auch mich zu erlösen.

Sören Kierkegaard

## [Dein Heil schauen]

Seht ihr den Mond dort stehen?
Er ist nur halb zu sehen
und ist doch rund und schön.
So sind wohl manche Sachen,
die wir getrost belachen,
weil unsre Augen sie nicht sehen.

Gott, lass dein Heil uns schauen,
auf nichts Vergänglichs trauen,
nicht Eitelkeit uns freun.
Lass uns einfältig werden
und vor dir hier auf Erden
wie Kinder fromm und fröhlich sein.

Wollst endlich sonder Grämen
aus dieser Welt uns nehmen
durch einen sanften Tod;
und wenn du uns genommen,
lass uns in' Himmel kommen,
du unser Herr und unser Gott.

Matthias Claudius

## Schließe mir die Augen beide

Schließe mir die Augen beide
mit den lieben Händen zu!
Geht doch alles, was ich leide,
unter deiner Hand zur Ruh.
Und wie leise sich der Schmerz
Well' um Welle schlafen leget,
wie der letzte Schlag sich reget,
füllest du mein ganzes Herz.

Theodor Storm

## [Leite mich]

Führe mich, o Herr, und leite
meinen Gang nach deinem Wort;
sei und bleibe du auch heute
mein Beschützer und mein Hort.
Nirgends als von dir allein
kann ich recht bewahret sein.

Heinrich Albert

## [Nimm und gib]

O mein Gott,
nimm alles von mir,
was mich hindert zu dir.

O mein Gott,
gib alles mir,
was mich fördert zu dir.

O mein Gott,
nimm mich mir
und gib mich ganz zu eigen dir.

Nikolaus von Flüe

## [Von ganzem Herzen]

Du sollst
den Herrn, deinen Gott,
lieben von ganzem Herzen,
von ganzer Seele,
von allen Kräften
und von ganzem Gemüt,
und deinen Nächsten wie dich selbst.

Lukas 10,27

[Behalte mich in deiner Liebe]

Du, der über uns ist,
du, der einer von uns ist,
du, der ist –
auch in uns;
dass alle dich sehen – auch in mir,
dass ich den Weg bereite für dich,
dass ich danke für alles, was mir widerfuhr.
Dass ich dabei nicht vergesse der anderen Not.

Behalte mich in deiner Liebe,
so wie du willst, dass andere bleiben in der meinen.
Möchte sich alles in diesem meinem Wesen
zu deiner Ehre wenden,
und möchte ich nie verzweifeln.
Denn ich bin unter deiner Hand,
und alle Kraft und Güte sind in dir.

Dag Hammarskjöld

[Zur Freiheit befreit]

Zur Freiheit hat uns Christus befreit!
So steht nun fest
und lasst euch nicht wieder
das Joch der Knechtschaft auflegen!

Galater 5,1

[Darin mich Gott sieht]

Das Auge, in dem ich Gott sehe,
das ist dasselbe Auge, darin mich Gott sieht;
mein Auge und Gottes Auge,
das ist ein Auge
und ein Sehen
und ein Erkennen
und ein Lieben.

Meister Eckehart

Das Lied ‹Du›

Wo ich gehe – Du!
Wo ich stehe – Du!
Nur Du, wieder Du, immer Du!
Du, Du, Du!
Ergeht's mir gut – Du
Wenn's weh mir tut – Du
Du, Du, Du
Himmel – Du, Erde – Du
Oben – Du, unten – Du
Wohin ich mich wende, an jedem Ende
Nur Du, wieder Du, immer Du
Du, Du, Du

Martin Buber

## [Ich in dir, du in mir]

Luft, die alles füllet,
Drin wir immer schweben,
Aller Dinge Grund und Leben.
Meer ohn' Grund und Ende,
Wunder aller Wunder,
Ich senk mich in dich hinunter.
Ich in dir, du in mir,
Lass mich ganz verschwinden,
Dich nur sehn und finden.

Du durchdringest alles,
Lass dein schönstes Lichte,
Herr, berühren mein Gesichte.
Wie die zarten Blumen
Willig sich entfalten
Und der Sonne stille halten,
Lass mich so still und froh
Deine Strahlen fassen
Und dich wirken lassen.

Gerhard Tersteegen

[Mein Licht und mein Heil]

Der Herr ist mein Licht und mein Heil;
vor wem sollte ich mich fürchten?
Der Herr ist meines Lebens Kraft;
vor wem sollte mir grauen?

Psalm 27,1

### Auswendig lernen

Auswendig lernen möchte ich dich
wie ein Gedicht.

Immer wieder lesen
Silbe für Silbe, Wort für Wort und
zwischen den Zeilen
strophenlang jahrelang lebenslang
dich buchstabieren
mit dem Gaumen des Herzens.

Ulla Hahn

[Ich schöne Blum]

Mach in mir deinem Geiste Raum,
dass ich dir werd ein guter Baum,
und lass mich Wurzel treiben.
Verleihe, dass zu deinem Ruhm
ich deines Gartens schöne Blum
und Pflanze möge bleiben.

Paul Gerhardt

## Versöhnung

Es wird ein großer Stern in meinen Schoß fallen ...
Wir wollen wachen die Nacht,

In den Sprachen beten,
Die wie die Harfen eingeschnitten sind.

Wir wollen uns versöhnen die Nacht –
So viel Gott strömt über.

Kinder sind unsere Herzen,
Die möchten ruhen müdesüß.

Und unsere Lippen wollen sich küssen,
Was zagst du?

Grenzt nicht mein Herz an deins –
Immer färbt dein Blut meine Wangen rot.

Wir wollen uns versöhnen die Nacht,
Wenn wir uns herzen, sterben wir nicht.

Es wird ein großer Stern in meinen Schoß fallen.

Else Lasker-Schüler

### Der römische Brunnen

Aufsteigt der Strahl und fallend gießt
Er voll der Marmorschale Rund,
Die, sich verschleiernd, überfließt
In einer zweiten Schale Grund;
Die zweite gibt, sie wird zu reich,
Der dritten wallend ihre Flut,
Und jede nimmt und gibt zugleich
Und strömt und ruht.

Conrad Ferdinand Meyer

**Ein Wort**

Ein Wort, ein Satz –: Aus Chiffern steigen
erkanntes Leben, jäher Sinn,
die Sonne steht, die Sphären schweigen
und alles ballt sich zu ihm hin.

Ein Wort – ein Glanz, ein Flug, ein Feuer,
ein Flammenwurf, ein Sternenstrich –
und wieder Dunkel, ungeheuer,
im leeren Raum um Welt und Ich.

Gottfried Benn

Bevor ich sterbe

Noch einmal sprechen
von der Wärme des Lebens
damit doch einige wissen:
Es ist nicht warm
aber es könnte warm sein
Bevor ich sterbe
noch einmal sprechen
von Liebe
damit doch einige sagen:
Das gab es
das muss es geben
Noch einmal sprechen
vom Glück der Hoffnung auf Glück
damit doch einige fragen:
Was war das
wann kommt es wieder?

Erich Fried

### Morgens und abends zu lesen

Der, den ich liebe
Hat mir gesagt
Dass er mich braucht.

Darum
Gebe ich auf mich acht
Sehe auf meinen Weg und
Fürchte von jedem Regentropfen
Dass er mich erschlagen könnte.

Bertolt Brecht

[Verleih uns Frieden gnädiglich]

Verleih uns Frieden gnädiglich,
Herr Gott zu unsern Zeiten.
Es ist doch ja kein andrer nicht,
der für uns könnte streiten,
denn du, unser Gott, alleine.

Martin Luther

[Aaronitischer Segen]

Der Herr segne dich und behüte dich;
der Herr lasse sein Angesicht leuchten über dir
und sei dir gnädig;
der Herr hebe sein Angesicht über dich
und gebe dir Frieden.

4. Mose 6, 24–26

## Auferstehung

Manchmal stehen wir auf
Stehen wir zur Auferstehung auf
Mitten am Tage
Mit unserem lebendigen Haar
Mit unserer atmenden Haut.
Nur das Gewohnte ist um uns.
Keine Fata Morgana von Palmen
Mit weidenden Löwen
Und sanften Wölfen.
Die Weckuhren hören nicht auf zu ticken
Ihre Leuchtzeiger löschen nicht aus.
Und dennoch leicht
Und dennoch unverwundbar
Geordnet in geheimnisvolle Ordnung
Vorweggenommen in ein Haus aus Licht.

Marie Luise Kaschnitz

### Let us arise

In yonder valley there flows sweet union
Let us arise and drink our fill
The winter's past and the spring appears
The turtle dove is in our land
In yonder valley there flows sweet union
Let us arise and drink our fill.

In fernem Tal fließt süße Innigkeit
Lasst uns aufstehen und satt uns trinken
Der Winter ist vergangen und Frühling naht
Die Turteltaube nistet im Baum
In fernem Tal fließt süße Innigkeit
Lasst uns aufstehen und satt uns trinken.

Shaker Tradition

**Stilles Gebet**

Ich dank dir Herr
In jeder Stund
Ist auch mein Mund
Scheu und verschwiegen.
Ich stehe hier an meines Kindes Wiegen
Und ohne Wort dankt es in mir.

Mascha Kaléko

## geburt

ich wurde nicht gefragt
bei meiner zeugung
und die mich zeugten
wurden auch nicht gefragt
bei ihrer zeugung
niemand wurde gefragt
außer dem Einen
und der sagte
ja

ich wurde nicht gefragt
bei meiner geburt
und die mich gebar
wurde auch nicht gefragt
bei ihrer geburt
niemand wurde gefragt
außer dem Einen
und der sagte
ja

Kurt Marti

[Geborgen]

Von guten Mächten wunderbar geborgen,
erwarten wir getrost, was kommen mag.
Gott ist bei uns am Abend und am Morgen
und ganz gewiss an jedem neuen Tag.

Dietrich Bonhoeffer

## [Atme in mir]

Atme in mir, Du Heiliger Geist,
dass ich Heiliges denke.
Treibe mich, Du Heiliger Geist,
dass ich Heiliges tue.
Locke mich, Du Heiliger Geist,
dass ich Heiliges liebe.
Stärke mich, Du Heiliger Geist,
dass ich Heiliges hüte.
Hüte mich, Du Heiliger Geist,
dass ich das Heilige nimmer verliere.

Aurelius Augustinus zugeschrieben

## [Von Gott umgeben]

Du kannst nicht tiefer fallen
als nur in Gottes Hand,
die er zum Heil uns allen
barmherzig ausgespannt.

Es münden alle Pfade
durch Schicksal, Schuld und Tod
doch ein in Gottes Gnade
trotz aller unsrer Not.

Wir sind von Gott umgeben
auch hier in Raum und Zeit
und werden in ihm leben
und sein in Ewigkeit.

Arno Pötzsch

[**Denn ich bin gewiss**]

Denn ich bin gewiss,
dass weder Tod noch Leben,
weder Engel noch Mächte noch Gewalten,
weder Gegenwärtiges noch Zukünftiges,
weder Hohes noch Tiefes
noch eine andere Kreatur
uns scheiden kann
von der Liebe Gottes,
die in Christus Jesus ist,
unserm Herrn.

Römerbrief 8,38f

## Um Mitternacht

Gelassen stieg die Nacht ans Land,
Lehnt träumend an der Berge Wand,
Ihr Auge sieht die goldne Waage nun
Der Zeit in gleichen Schalen stille ruhn;
Und kecker rauschen die Quellen hervor,
Sie singen der Mutter, der Nacht, ins Ohr
Vom Tage,
Vom heute gewesenen Tage.

Das uralt alte Schlummerlied,
Sie achtets nicht, sie ist es müd;
Ihr klingt des Himmels Bläue süßer noch,
Der flüchtgen Stunden gleichgeschwungnes Joch.
Doch immer behalten die Quellen das Wort,
Es singen die Wasser im Schlafe noch fort
Vom Tage,
Vom heute gewesenen Tage.

Eduard Mörike

## Sabbat

Heute ist
die Haut der Erde
zart

das Messer schläft
das Feuer schläft

Am Scheitel der Mutter
der Friedensengel
bewacht das Haus

Weißbrot und Wein
Gast
unser König

Wir singen
den siebenten Tag
wir rühmen
die Ruh

Rose Ausländer

## [Müde bin ich, geh zur Ruh]

Müde bin ich, geh zur Ruh,
schließe meine Augen zu.
Vater, lass die Augen dein
über meinem Bette sein.

Alle, die mir sind verwandt,
Gott, lass ruhn in deiner Hand;
alle Menschen, groß und klein,
sollen dir befohlen sein.

Luise Hensel

## Mondnacht

Es war, als hätt der Himmel
Die Erde still geküsst,
Dass sie im Blütenschimmer
Von ihm nun träumen müsst.

Die Luft ging durch die Felder,
Die Ähren wogten sacht,
Es rauschten leis die Wälder,
So sternklar war die Nacht.

Und meine Seele spannte
Weit ihre Flügel aus,
Flog durch die stillen Lande,
Als flöge sie nach Haus.

Joseph von Eichendorff

[Abendgebet]

Unser Abendgebet steige auf zu Dir, Herr,
und es senke sich auf uns herab Dein Erbarmen.
Dein ist der Tag, und Dein die Nacht.
Lass, wenn des Tages Schein vergeht,
das Licht Deiner Wahrheit uns leuchten.
Geleite uns zur Ruhe der Nacht
und vollende dein Werk an uns in Ewigkeit.

Kirchengebet

## [Segne alles]

O Herr,
Erhalter unseres Körpers,
unseres Geistes
und unserer Seele,
segne alles,
was wir in Dankbarkeit
entgegennehmen.
Amen

Hazrat Inayat Khan

[Zum Neuen Jahr]

In ihm sei's begonnen,
Der Monde und Sonnen
An blauen Gezelten
Des Himmels bewegt.
Du, Vater, du rate!
Lenke du und wende!
Herr, dir in die Hände
Sei Anfang und Ende,
Sei alles gelegt!

Eduard Mörike

## Ziehende Landschaft

Man muss weggehen können
und doch sein wie ein Baum:
als bliebe die Wurzel im Boden,
als zöge die Landschaft und wir ständen fest.
Man muss den Atem anhalten,
bis der Wind nachlässt
und die fremde Luft um uns zu kreisen beginnt, bis
das Spiel von Licht und Schatten, von Grün und Blau,
die alten Muster zeigt
und wir zuhause sind, wo es auch sei, und
niedersitzen können und uns anlehnen,
als sei es an das Grab
unserer Mutter.

Hilde Domin

[Mach mich zum Wächter deiner Weiten]

Mach mich zum Wächter deiner Weiten,
Mach mich zum Horchenden am Stein,
Gib mir die Augen auszubreiten
Auf deiner Meere Einsamsein:
Lass mich der Flüsse Gang begleiten
Aus dem Geschrei zu beiden Seiten
Weit in den Klang der Nacht hinein.

Schick mich in deine leeren Länder
Durch die die weiten Winde gehen,
Wo große Klöster wie Gewänder
Um ungelebte Leben stehen.
Dort will ich mich zu Pilgern halten,
Von ihren Stimmen und Gestalten
Durch keinen Trug mehr abgetrennt
Und hinter einem blinden Alten
Des Weges gehen, den keiner kennt.

Rainer Maria Rilke

[Von nun an bis in Ewigkeit]


Ich hebe meine Augen auf zu den Bergen.
Woher kommt mir Hilfe?
Meine Hilfe kommt vom Herrn,
der Himmel und Erde gemacht hat.
Er wird deinen Fuß nicht gleiten lassen,
und der dich behütet, schläft nicht.
Siehe, der Hüter Israels
schläft und schlummert nicht.
Der Herr behütet dich;
der Herr ist dein Schatten über deiner rechten Hand,
dass dich des Tages die Sonne nicht steche
noch der Mond des Nachts.
Der Herr behüte dich vor allem Übel,
er behüte deine Seele.
Der Herr behüte deinen Ausgang und Eingang
von nun an bis in Ewigkeit!

Psalm 121

# Quellenangaben

**5** Martin Buber, Gog und Magog, © by Gütersloher Verlagshaus, Gütersloh, in der Verlagsgruppe Random House GmbH, München **13** Hanns Dieter Hüsch: Ich bin erlöst (Psalm), aus: Hanns Dieter Hüsch/ Uwe Seidel, Ich stehe unter Gottes Schutz, Seite 140, 2006/9, © tvd-Verlag Düsseldorf, 1996 **15** Astrid Lindgren, Ferien auf Saltkrokan, © Verlag Friedrich Oetinger, Hamburg, 1966 **16** Abend ward, bald kommt die Nacht, aus: Rudolf Alexander Schröder, Gesammelte Werke. Die Gedichte, © Suhrkamp Verlag Frankfurt am Main 1952 **17** Gesang aus Taizé **18** Einwilligung, aus: Nelly Sachs, Fahrt ins Staublose. Gedichte, © Suhrkamp Verlag Frankfurt am Main 1988 **21** Dorothee Sölle, Fliegen lernen, Gedichte. © Wolfgang Fietkau Verlag Kleinmachnow **23** Albrecht Goes, Sieben Leben. Aus: ders., Lichtschatten du. Gedichte aus fünfzig Jahren. © S. Fischer Verlag GmbH, Frankfurt am Main 1978 **25** Gesang aus Taizé **27** Christa Reinig, Sämtliche Gedichte. © Verlag Eremiten-Presse 1984 **29** franziskanische Tradition **32** Angelus Silesius, Cherubinischer Wandersmann. Herausgegeben von Louise Gnädiger © 1986 by Manesse Verlag, Zürich, in der Verlagsgruppe Random House GmbH, München **36** Jochen Klepper: Neujahrslied. Aus ders. „Ziel der Zeit" – Die gesammelten Gedichte. Luther-Verlag Bielefeld, 7. Auflage 2003 **38** In der deutschen Übersetzung zitiert nach: Anastasios Kallis (Hg.), Herr, zu dir rufe ich. Gebetsbuch des orthodoxen Christen. Griechisch–Deutsch. Theopano Verlag. Münster 2006, S. 3 und 5 **39** Mechthild von Magdeburg, Die Seele preist Gott dafür an sechs Dingen, in: Mechthild von Magdeburg, Das fließende Licht der Gottheit. 2. neubearbeitete Übersetzung mit Einführung und Kommentar von Margot Schmidt. MyGG I 11. Stuttgart-Bad Cannstatt: frommann-holzboog Verlag 1995, S. 20. **41** Ingeborg Bachmann, Auch ich habe in Arkadien gelebt. Aus: Sämtliche Erzählungen © 1978 Piper Verlag GmbH, München **43** Dschalal ad-Din Muhammad Rumi, Komm, Copyright © Verlag Philipp Reclam jun. GmbH, Stuttgart **46** Entnommen aus: Evangelisches Tagzeitenbuch. © Vier-Türme GmbH, Verlag, Münsterschwarzach **47** In die Leere, aus: Bertolt Brecht, Werke. Große kommentierte Berliner und Frankfurter Ausgabe, Band 15, Gedichte 5, © Suhrkamp Verlag Frankfurt am Main 1993 **48** Friedrich Dörr, Nutzungsrechte von Nachkommen konnten nicht geklärt werden. **58** Dag Hammarskjöld, Zeichen am Weg. Das spirituelle Tagebuch des UN-Generalsekretärs. © für die deutsche Fassung Droemersche Verlagsanstalt Th. Knaur Nachf., München 1965 **61** Martin Buber, Die Erzählungen der Chassidim © 1949 by Manesse Verlag, Zürich, in der Verlagsgruppe Random House GmbH, München **64** Ulla Hahn, So offen die Welt. Gedichte. © 2004 Deutsche Verlags-Anstalt in der Verlagsgruppe Random House GmbH, München **66** Versöhnung, aus: Else Lasker-Schüler, Gedichte 1902 – 1943, © Suhrkamp Verlag Frankfurt am Main 1996 **68** Gottfried Benn, Statische Gedichte. © 1948, 2006 by Arche Literatur Verlag AG, Zürich-Hamburg **69** Erich Fried, Bevor ich sterbe. Aus: Lebensschatten, ©Verlag Klaus Wagenbach, Berlin 1981, NA 2001 **70** Morgens und abends zu lesen, aus: Bertolt Brecht, Werke. Große kommentierte Berliner und Frankfurter Ausgabe, Band 14, Gedichte 4, © Suhrkamp Verlag Frankfurt am Main 1993 **74** Marie Luise Kaschnitz: Überallnie. © 1965 Claassen Verlag in der Ullstein Buchverlage GmbH, Berlin **75** Übersetzung von Candace Carter **76** Mascha Kaléko: In meinen Träumen läutet es Sturm. © 1997 Deutscher Taschenbuch Verlag, München. **77** Kurt Marti, geduld und revolte. die gedichte am rand. © 2002 Radius Verlag Stuttgart **78** Dietrich Bonhoeffer, Widerstand und Ergebung. © by Gütersloher Verlagshaus, Gütersloh, in der Verlagsgruppe Random House GmbH, München **83** Rose Ausländer, Sabbat. Aus: dies., Wieder ein Tag aus Glut und Wind. Gedichte 1980-1982. © S. Fischer Verlag GmbH, Frankfurt am Main 1986 **87** Hazrat Inayat Khan: Gayan–Vadan–Nirtan, Aphorismen, © Heilbronn Verlag, Weinstadt 1996 **89** Hilde Domin, Ziehende Landschaft. Aus: dies., Gesammelte Gedichte. © S. Fischer Verlag GmbH, Frankfurt am Main 1987

Wir haben uns bemüht, die Rechte für die abgedruckten Texte zu klären. Sollte uns das in einzelnen Fällen nicht gelungen sein, geben Sie uns bitte Nachricht.

Biblische Zitate nach Luther in der revidierten Fassung von 1984

## Herausgeberin und Herausgeber

Joachim Faber, *1955, Erziehungswissenschaftler M.A., Systemischer Supervisor und Organisationsberater, Evangelische Erwachsenenbildung Karlsruhe und Durlach
www.eeb-karlsruhe.de

Jörg Hinderer, *1967, Pfarrer, Kommunität Beuggen, Geistlicher Begleiter, Evangelische Erwachsenenbildung Hochrhein-Lörrach-Schopfheim
www.eeb-loerrach-waldshut.de

Gabriele Hofmann, *1959, Pfarrerin, Gemeindeberatung und Organisationsentwicklung, Evangelisches Bildungszentrum Hohenwart Forum
www.hohenwart-forum.de

Dr. Michael Lipps, *1951, Pfarrer, Lehrbeauftragter für Themenzentrierte Interaktion am Ruth-Cohn-Institut, Ökumenisches Bildungszentrum *sanctclara* Mannheim
www.sanctclara.de

Impressum

© 2007 Edition Quadrat

All rights reserved
Printed in Germany

ISBN: 978-3-923003-24-2

Gestaltung: Edition Quadrat | Diana May
Druck: abcdruck GmbH, Heidelberg
Bindung: Großbuchbinderei Josef Spinner, Ottersweier
Gedruckt auf Munken Print Cream 15, 115 g/m², FSC

**FSC Mix**
Produktgruppe aus vorbildlich bewirtschafteten
Wäldern, kontrollierten Herkünften und
Recyclingholz oder -fasern
www.fsc.org  Zert.-Nr. GFA-COC-1159
© 1996 Forest Stewardship Council

No part of this book may be reproduced in any form or by any electronic or mechanical means without prior written permission from the publisher Edition Quadrat, Germany.

Im Auftrag der Landesstelle für Evangelische Erwachsenenbildung in Baden, Postfach 22 69,
76010 Karlsruhe, Telefon 07 21 | 9 17 53 40,
www.eeb-baden.de